Felix Kaufmann

Wiener Lieder
zu Philosophie und Ökonomie

Wiener Lieder
zu Philosophie und Ökonomie

Von Felix Kaufmann

mit einer Einführung von J. Herbert Furth

herausgegeben von
Gottfried von Haberler und Ernst Helmstädter

Gustav Fischer Verlag · Stuttgart · Jena · New York
1992

Anschriften der Herausgeber:

Prof. Dr. Gottfried von Haberler
American Enterprise Institute
Washington, D.C., USA

Prof. Dr. Ernst Helmstädter
Rinscheweg 38
D-4400 Münster

Die Deutsche Bibliothek – CIP-Einheitsaufnahme

Wiener Lieder zu Philosophie und Ökonomie / von Felix Kaufmann. Hrsg. von Gottfried von Haberler und Ernst Helmstädter. Mit einer Einf. von J. Herbert Furth. – Stuttgart ; Jena ; New York : G. Fischer, 1992
  ISBN 3-437-50354-5
NE: Kaufmann, Felix; Haberler, Gottfried von [Hrsg.]

© Gustav Fischer Verlag · Stuttgart · Jena · New York · 1992
Wollgrasweg 49, D-7000 Stuttgart 70
Das Werk einschließlich aller seiner Teile ist urheberrechtlich geschützt. Jede Verwertung außerhalb der engen Grenzen des Urheberrechtsgesetzes ist ohne Zustimmung des Verlags unzulässig und strafbar. Das gilt insbesondere für Vervielfältigungen, Übersetzungen, Mikroverfilmungen und die Einspeicherung und Verarbeitung in elektronischen Systemen.
Gesamtherstellung: Laupp & Göbel, Nehren/Tübingen
Printed in Germany

Inhalt

Vorgespräch zwischen Gottfried von Haberler und Ernst Helmstädter 9

Einführung von J. Herbert Furth 11

Bibliographie der Werke Felix Kaufmanns 15

Redaktionelle Anmerkungen der Herausgeber 17

I. Lieder aus dem Mises-Kreis

1. Geschliffener Geist im Mises-Kreis 18
   Allein die wahre Liebe ist das nicht ...

2. Untergang der Konjunktur durch Erforschung 19
   Das hat ka Goethe gschriebn, das hat ka Schiller dicht ...

3. Verstehen des Verstehens in Zürich 20
   Tschin, tschin, China man ...

4. Der letzte Grenadier der Grenznutzenschule*) 21
   Die beiden Grenadiere ...

5. Die Mises-Mayer-Dikussion 27
   Fiakerlied

6. Das Mises-Kreis-Lied 28
   Grinzingerlied

7. Der Forscher und der Methodologe*) 29
   Ich weiß nicht, was soll es bedeuten ...

8. Der Nationalökonom im Paradies 30

9. Abschied von Mr. Stonier und Mr. Sweezy*) 31
   Prinz Eugen, der edle Ritter ...

10. Abschied von Professor Mises*) 32
    O alte Burschenherrlichkeit ...

11. Klagelied des Mises-Kreises*) 33
    Und der Hans schleicht umher ...

II. Aus dem Liederbuch des Phänomenologen

12. In des Breisgaus holden Auen 34
    Durch die Wälder, durch die Auen ...

13. Traurige Prognose 34
    Es wird ein Wein sein ...

14. Wesensschau*) 34
    Freut euch des Lebens ...

15. Lichtvolle Erkenntnis 35
    Filia hospitalis

16. Die Wahrheit der transzendentalen Methode 35
    Martin Luther hat wirklich die Wahrheit gesagt ...

17. Drei lustige Gesellen und die Wahrheit 35
    Die Spindel geht im Kreis herum ...

18. Sinnestäuschung*) 36
    Gold und Silber lieb ich sehr ...

19. Der Phänomenolog hat's gut 37
    Ja so a Kongoneger, der hats guat ...

20. Die phänomenologische Reduktion*) 38
    Als ich ein jung' Geselle war ...

21. Méditations Cartésiennes 39
    Die Mädis vom Chantant

III. Schwanengesang

22. Streit um die Priorität 39
    Der Kuckuck und der Esel ...

23. Die reine Rechtslehre 39
    Brüderlein fein ...

24. Wissenschaftliche Politikberatung*) 40
    Wohlauf Kameraden aufs Pferd ...

25. Der Mathematiker und der Philosoph 41
    Solang noch unter Linden ...

26. Antimethaphysisches Trutzlied 41

27. Einigen Methodologen ins Stammbuch 42
    Mädele ruck, ruck, ruck ...

28. The Economic Theorist in Paradise 43
    Übersetzung von 8. durch Peggy Joseph

*) Zu den gekennzeichneten Liedern enthält der Band Notenvorlagen.

Felix Kaufmann

Vorgespräch der Herausgeber

EH: Herr von Haberler, Felix Kaufmann hat Ihnen am 7. Dezember 1934 das Originalmanuskript seiner Lieder mit «herzlichsten Grüßen überreicht». Kannten Sie die Texte zuvor schon?

GvH. Aber ja! Sobald er sich ein neues Lied ausgedacht hatte, sang er es seinen Freunden vor, meist im Anschluß an das wöchentliche Mises-Seminar, oder bei einer anderen Gelegenheit. So lernten wir sein gesamtes Repertoire Stück für Stück kennen. Wir haben ihn immer wieder angehalten, seine Lieder niederzuschreiben und alles einmal zusammenzufassen. So habe ich mich ganz außerordentlich gefreut, als ich damals in Genf endlich sein fertiges Manuskript erhielt. Und ich glaube, daß mein Exemplar wohl eines der wenigen ist, das die Zeiten überdauert hat.
Trotz starker Inanspruchnahme, ebenso als Wissenschaftler wie als Geschäftsmann, nahm er seine Lieder sehr ernst. Deren inhaltliche Aussage mußte treffend, die musikalische Form eingängig sein. Er hatte übrigens eine wohlklingende Stimme. Um sie zu pflegen, nahm er Gesangsstunden beim Lehrer meiner Frau. Es war ein Vergnügen, ihn singen zu hören.

EH: Einige Kaufmann-Lieder kennen Sie heute noch auswendig. Das zeigt, wie innig Sie mit diesen Texten vertraut sind. Ich erinnere mich an einen Vortrag, den Sie im Sommersemester 1969 an der Universität Münster gehalten haben. Walther G. Hoffmann hatte Sie dazu eingeladen. Am Abend tranken wir in seinem Haus ein Glas Wein. Da deklamierten Sie zu unserem großen Vergnügen den «Letzten Grenadier der Grenznutzenschule». Am Tag darauf diktierten Sie mir die Verse Zeile für Zeile. Ich habe wenige Jahre später den Text in den von mir herausgegebenen «Nebenprodukten» im Kollegenkreis bekanntgemacht[1].

GvH: Sie wundern sich, daß ich so viele Lieder von Kaufmann auswendig weiß. Dafür gibt es verschiedene Gründe. Erstens befaßt sich jedes Lied mit einem interessanten Problem oder einem aktuellen Ereignis, das wir alle kannten und das uns deswegen unvergeßlich wurde. Gleiches gilt für die von Kaufmann ausgewählten Melodien. Wir kannten sie alle. Und man merkt sich einen Text eben besser, wenn man die Melodie kennt.
Kaufmann gab sich große Mühe mit dem Text seiner Lieder. Der Leser wird in jedem Lied auch heute noch durchaus interessante Stellen finden. Kaufmann war auch stets darauf bedacht, daß der Gedanke im Reim anklingt. Und ein gut gereimtes Gedicht kann man sich leichter merken als jene Art von Versen, in denen sich die zeitgenössische Lyrik gefällt.
Anläßlich meines 90. Geburtstages im Juli 1990 haben Sie mir den letzten «Grenznutzengrenadier», den Sie der Schumannschen Melodie für die beiden nach Frankreich ziehenden Grenadiere Napoleons unterlegt hatten, zugesandt. Ich bat sie sogleich, mir das Notenblatt für die schon damals ins Auge gefaßte Veröffentlichung der Kaufmann-Lieder zur Verfügung zu stellen. So hat uns Felix Kaufmann nach langen Jahren wieder zusammengeführt.

EH: Seither bemühen wir uns gemeinsam um die Herausgabe der Kaufmann-Lieder. Frau Gale Dunn Kaufmann, Washington, Felix Kaufmanns Schwiegertochter, haben wir für ihre Zustimmung zur Veröffentlichung, ferner für das Portraitphoto und für Kaufmanns Bibliographie herzlich zu danken. Wir sind glücklich darüber, bei Herrn Dr. Wulf D. von Lucius und dem Gustav Fischer Verlag Interesse und Unterstützung gefunden zu haben. Dank der einfühlsamen Einrichtung von Noten und Text durch Herrn Werner Grothusmann ist nun tatsächlich ein Liederbuch entstanden. Der musikalischen Betätigung von Philosophen und Ökonomen eröffnen sich somit vielleicht ganz neue Perspektiven.

---

1 Helmstädter, E. (Hrsg.), Nebenprodukte. Eine Festgabe für Wilhelm Krelle (55), Bonn Münster 24. XII. 1971, 94.

GvH: Daß seine Lieder tatsächlich gesungen und nicht nur gelesen werden, hat sich Felix Kaufmann immer gewünscht. Die Noten für die original Wiener Lieder konnten wir leider nicht rechtzeitig beschaffen. Sie können vielleicht bei einer Neuauflage nachgereicht werden. Daß hingegen das deutsche Kunstlied mit Robert Schumann vertreten ist, freut mich besonders.

EH: In unserer Zusammenarbeit als Herausgeber, bei der uns Ihre Sekretärin, Frau Barbara Johnston, sehr hilfreich war, hat es mich tief berührt, wie sehr Ihnen daran lag, daß dieser heitere Liederzyklus ihres Freundes Felix Kaufmann nun bald veröffentlicht wird. Erfüllen Sie damit ein Vermächtnis?

GvH: Ja, ich war es ihm schuldig, das Meinige dazu beizutragen, daß Felix Kaufmann der Nachwelt in Erinnerung bleibt. So sieht es auch J. Herbert Furth, der zu den Liedern des unvergessenen gemeinsamen Freundes eine kenntnisreiche Einführung, für die wir ihm sehr danken, geschrieben hat. Hoffen wir, daß unser Bemühen Anklang findet, Felix Kaufmann zum Gedenken.

Einführung

Von J. Herbert Furth

Felix Kaufmann und sein Wien

Felix Kaufmann (*Wien, 4.7.1895; † New York, 23.12.1949) war Philosoph, Rechtsgelehrter, Geschäftsmann, Sprachkünstler: nichts Geistiges war ihm fremd. Sein umfassendes Wissen zeigte sich in Referaten, die er in unserem Freundeskreis junger Sozialwissenschaftler in der Zwischenkriegszeit hielt. Er sprach über Probleme der Logik und Mathematik, den Wert der Wissenschaft, Kategorien der Wirtschaft, Pädagogik, die erkenntnistheoretischen Grundlagen der Relativitästheorie, die Theorie der Kunstgeschichte, die Erkenntnistheorie der Wirtschaftslehre, eine allgemeine Wertlehre, den Dichter Arno Holz, das Problem der Willensfreiheit und zuletzt über intellektuelle Rechtschaffenheit. Auf diesem Gebiet war er besonders sachverständig: er war der rechtschaffenste Mensch, den ich je gekannt habe.

Kaufmann behauptete gern, er wollte nur seinem «Dreigestirn» folgen: dem Philosophen Edmund Husserl, Schöpfer der Phänomenologie, dem Juristen Hans Kelsen, Schöpfer der «Reinen Rechtslehre», dem Volkswirtschaftler Ludwig von Mises, dem (nächst Josef A. Schumpeter) bedeutendsten Vertreter der dritten Generation der Wiener nationalökonomischen Schule – alle drei, so wie Kaufmann selbst, große österreichische Gelehrte, die aber ihrer jüdischen Abkunft wegen bestimmt waren, ihr Leben im Exil zu enden, Husserl in Frankreich, Kelsen und Mises ebenso wie Kaufmann selbst in den Vereinigten Staaten.

Kaufmann war aber weit davon entfernt, ein kritikloser Jünger zu sein. In seiner eigenen Philosophie verband er die Phänomenologie mit den Einsichten, die Ludwig Wittgenstein in seinem damals gerade veröffentlichten «Tractatus» niedergelegt hatte. Die letzte Strophe des «Klagelieds des Mises-Kreises» ist wohl als ironische Paraphrase des berühmten letzten Kapitels des Tractatus zu verstehen. Der Wink galt der sogenannten Wiener positivistischen Schule. Unser Freund Karl Menger, Sohn von Carl Menger, dem Begründer der Wiener Schule der Nationalökonomie, war ein bedeutendes Mitglied dieser Schule und Verfasser einer Schrift über «Moral, Wille und Weltgestaltung».

In seiner Rechtslehre war Kaufmann, wie wir alle, beeinflußt vom tief christlich-religiösen Genius unseres Freundes Erich Vögelin, des «Philosophen der Weltgeschichte», wie sein Biograph ihn genannt hat. In seiner Einstellung zur Volkswirtschaftslehre vermied er den aprioristischen Dogmatismus von Mises, der die Wirtschaftstheorie methodologisch so behandeln wollte wie die Theoreme der Mathematik, die keiner empirischen Bestätigung bedürfen. Das Lied «Méditations Cartésiennes» spielt darauf an. Obwohl dieses Dogma in unserem Freundeskreis von Friedrich A. Hayek glänzend verteidigt, vertieft und ausgebaut wurde, lehnte Kaufmann es ab, was in den Liedern «Drei lustige Gesellen und die Wahrheit» und «Streit um die Priorität» anklingt. Diesen Standpunkt nahm er nicht nur auf Grund seiner eigenen geschäftlichen Erfahrungen ein, sondern vor allem auch in Folge seiner Diskussionen mit den anderen mehr praktisch eingestellten und auf gesunden Menschenverstand bauenden Ökonomen unseres Freundeskreises, namentlich Gottfried von Haberler, Fritz Machlup und Oskar Morgenstern.

Als Geschäftsmann war Kaufmann Leiter der Wiener Zweiggesellschaft des riesigen Petroleumkonzerns, der damals «Anglo-Iranian» später «British Petroleum» hieß. Ich fragte ihn einmal, wie er seine außerordentlich erfolgreiche geschäftliche Tätigkeit mit seinen wissenschaftlichen Arbeiten verbinden konnte. Er antwortete, die Probleme des Petroleumgeschäftes wären im Vergleich zu denen der Methodologie und Rechtsphilosophie so einfach, daß er sie «mit der linken Hand» erledigen könnte.

Was immer Kaufmann unternahm, war bestimmt und vollkommen durchdrungen von seiner persönlichen Güte und Selbstlosigkeit.

Felix Kaufmanns Lieder

Kaufmanns Lieder entstammen den Jahren 1922–1934, einer Periode, die der Nachsommer der Wiener Hochkultur genannt werden kann. Diese Periode begann mit dem Wiederaufbau der Wiener Wirtschaft und Gesellschaft nach Überwindung der Katastrophen des Ersten Weltkrieges, des Vertrags von St. Germain und der folgenden Inflation; sie endete mit den Tragödien des Aufstandversuchs der Wiener Sozialisten, der Ermordung des Bundeskanzlers Dollfuss und der Weigerung seines Nachfolgers, sich zur Verteidigung von Österreichs Unabhängigkeit mit den sozialistischen Arbeiterführern auszusöhnen. Dieses traurige Ende fiel zusammen mit der Berufung so vieler erstklassiger Wiener Forscher ins Ausland, beginnend mit Kelsen und Hayek (1931) und gefolgt von Mises, Haberler, Machlup, Morgenstern und anderen.

Als Hitler in Österreich einrückte, wurde Kaufmann sofort von der Anglo-Iranian entlassen. Er war ein bißchen enttäuscht, daß die Firma ihm keine Stellung in der Zentrale oder einer anderen Zweigstelle anbot, aber diese Unterlassung hatte gute Folgen. Kaufmann wurde als Professor der Philosophie an die New School in New York berufen und fühlte sich dort zweifellos viel wohler, als wenn er ein Angestellter der Anglo-Iranian irgendwo im damaligen britischen Weltreich geworden wäre.

Kaufmann hat seine Lieder in drei Kategorien unterteilt: «Liederbuch eines Phänomenologen», Lieder «Aus dem Mises-Kreis», und sonstige Lieder. Meine Kenntnis der Phänomenologie ist viel zu seicht, als daß ich es wagen könnte, die Lieder der ersten Kategorie näher zu kommentieren. Vor allem sind mir immer zwei Grundbegriffe dieser Lehre, nämlich: «Wesensschau» und «Epoche» schleierhaft geblieben. Ich bin offenbar einer der Blinden (Drei lustige Gesellen und die Wahrheit), die, wie ich mir einbilde *mit* Kant, nicht gegen ihn, bezweifeln, daß kein inneres Licht uns das «wahre Wesen» der Welt enthüllt. Ich kann nicht begreifen, wie wir die Welt in unseren Geist «einklammern» (Die phänomenologische Reduktion) können, und wenn wir es könnten, wieso uns das helfen könnte, die Welt zu verstehen.

Anmerkungen zu einzelnen Liedern

Ein paar weniger tief schürfende Bemerkungen werden aber vielleicht zu einem besseren Verständnis der nachstehend mit der entsprechenden Textziffer aufgeführten Lieder beitragen können.

Lied 1: Die Beziehungen zwischen Werturteilen und Wissenschaft wurden damals häufig diskutiert, da Max Weber alle Werturteile aus der Wissenschaft verbannen wollte.

Lied 2: Die Gründung des Instituts für Konjunkturforschung war zum guten Teil Mises zu verdanken, der auch das aktive Mitglied des Kuratoriums war. Die Leiter des Instituts waren erst Friedrich A. Hayek und nach ihm Oskar Morgenstern.

Lied 3: Der Text bezieht sich auf die Frage einer verschiedenen Methodologie für Natur- und Sozialwissenschaften. Der Verein für Socialpolitik tagte damals (1928) in Zürich.

Lied 4: Verspottet wird die feindliche Einstellung der meisten reichsdeutschen Ökonomen, die der historischen Schule angehörten, gegen die Lehren der Wiener Schule, deren Hauptvertreter Carl Menger und Eugen von Böhm-Bawerk waren.

Lied 5: Hans Mayer war damals der Nachfolger von Friedrich Wieser (und daher von Carl Menger und Eugen von Böhm-Bawerk) auf dem Wiener Lehrstuhl für Wirtschaftstheorie geworden, eine Professur, die nach unserer Meinung eigentlich entweder Schumpeter oder Mises gebührt hätte.

Lied 6: Ein Nachtmahl im Gasthaus «Ancora Verde» folgte regelmäßig auf das von Mises geleitete Privatseminar, an dem viele unserer Freunde teilnahmen.

Lied 7: Das Lied bezieht sich, wie schon erwähnt, auf den Unterschied zwischen analytischen und synthetischen Urteilen in der Wirtschaftstheorie, ein Unterschied, den Kaufmann betonte und von Mises vernachlässigt glaubte.

Lied 8: Auch hier geht es um eine Kritik der aprioristischen Interpretation der theoretischen Nationalökonomie, wie sie von Ludwig von Mises vertreten wurde. Nach ihm sind die Gesetze der ökonomischen Theorie wie der Mathematik a priori klar. Sie bedüfen keiner empirischen Nachprüfung.
Ludwig von Mises neigte auch sonst zu extremen Ansichten. Bei der Gründungstagung der Mont-Pélerin Gesellschaft kam es, wie Gottfried von Haberler berichtet, zu einer Meinungsverschiedenheit. Mises hatte einen Vorschlag gemacht, der von Hayek, Robbins, Milton Friedmann und Frank Knight abgelehnt wurde. Daraufhin verließ Mises ärgerlich die Sitzung mit den Worten: «Ihr seid alle Kommunisten!»
Mises hat seinen Standpunkt stets rigoros vertreten. Nach ihm sind beispielsweise Einfuhrbeschränkungen unter keinen Umständen wirtschaftlich zu rechtfertigen. Auch Gottfried von Haberler ist ja ein radikaler Freihändler. Aber er hält gleichwohl theoretische Argumente für Einfuhrbeschränkungen immerhin für denkbar und empirisch überprüfbar. Den Kampf gegen die Protektionisten aller Länder müsse man auf dem Boden empirischer Belege und nicht apriorischer Setzungen aufnehmen.
Mit Felix Kaufmann kann man sagen, daß «wir nicht im Paradies mehr wohnen» und somit streng unterscheiden müssen zwischen den Gesetzen, die man nachprüfen kann, und solchen, die a priori klar sind.

Lied 9: Wien wurde damals von vielen ausländischen Ökonomen besucht.

Lied 10. und 11: In beiden Liedern wird die schon erwähnte Berufung von Mises und vielen anderen Wiener Sozialwissenschaftlern an ausländische Hochschulen bedauert.

Lied 12: In Freiburg im Breisgau lehrte bis 1928 Husserl. Auf ihn bezieht sich auch Lied 19.

Lied 16: In Marburg lehrte Nicolai Hartmann, als Nachfolger des Begründers der neokantianischen Schule, Paul Natorp. In Heidelberg lehrte Heinrich Rickert, zusammen mit seinem Vorgänger Wilhelm Windelband der Führer der badischen Schule der Philosophie, die einen scharfen Unterschied in der Methode der nomothetischen Naturwissenschaften und der ideographischen (bloß beschreibenden) Sozialwissenschaften betonte. Dagegen verteidigte Husserl, wie vor ihm Leibniz, die wesentliche Einheit aller Wissenschaft («mathesis universalis»; siehe Lied 15).

Lied 21: Die «Méditations Cartésiennes» waren das letzte Werk von Edmund Husserl, geschrieben im Exil in Frankreich.

Lied 22: Es war wohl seinerzeit Kaufmanns bekanntestes und beliebtestes Lied. Es bezieht sich auf den Streit zwischen Professor Othmar Spann, der die «Ganzheit» vertrat, und den Anhängern der Wiener Schule der Nationalökonomie, die für die «Teile» eintrat. Das Lied ist heute wieder besonders zeitgemäß, da die Betonung der «Ganzheit» wieder sehr beliebt ist, nicht nur in den Sozialwissenschaften, sondern auch in der Medizin.

Lied 23: Wie schon bemerkt, eine ebenso klare wie bündige Zusammenfassung von Kelsens «Reiner Rechtslehre».

Lied 24: Die zweite Strophe bezieht sich auf die Lehre von Nicolai Hartmann.

Lied 25: Der Text hebt auf die analytische Methode der Mathematik ab, die auf die Einzelwissenschaften nicht anwendbar ist.

Lied 26: Die Melodie des «Hecker-Lieds», eines Trutzgesanges zu Ehren der Revolution von 1848, wurde damals noch immer gern von der liberalen Jugend gesungen. Das Lied begann mit den Worten: «Dreiunddreißig Jahre währt die Knechtschaft schon» und hatte den auf den flüchtigen Aufstandsführer Friedrich Hecker anspielenden Refrain:

> Er hängt an keinem Baume,
> Er hängt an keinem Strick,
> Er hängt nur an dem Traume
> Von der deutschen Republik.

Kaufmanns Reime und Karl Kraus

Ein paar Worte über Kaufmanns Art des Reimens seien angefügt. Im Gegensatz zu manchen Dichtern unserer Zeit sorgte Kaufmann immer dafür, daß seine Lieder sinnvolle Reime hatten. Sie sollten nicht nur angenehm klingen, sondern auch ihren Teil zur inhaltlichen Aussage beitragen. Manchmal bediente er sich der Wiener Mundart, um einen solchen sinnvollen Reim zu finden.

Kaufmann war in dieser Hinsicht sicher von dem schönen Gedicht beeinflußt, das sein großer Landsmann Karl Kraus (1874–1936), weltbekannt als Sprachkritiker, Satiriker und Schriftsteller, dem Reim gewidmet hatte. Die zwei wichtigsten Aussagen über den Reim lauten bei Karl Kraus:

> Nicht Würze ist er, sondern Nahrung,
> er ist nicht Reiz, er ist die Paarung.

> Er ist das Ufer, wo sie landen,
> sind zwei Gedanken einverstanden.

In diesem Sinne hat Kaufmann sein eigenes Reimen begriffen.

Verzeichnis der Publikationen von Felix Kaufmann

Zusammengestellt von Dr. Harry P. Reeder

Dieses Publikationsverzeichnis basiert teilweise auf Bibliographien, die von Prof. Lester Embree und Dr. Else Kaufmann zusammengestellt wurden. Die Hinweise in englischer Sprache wurden beibehalten. Buchtitel und Zeitschriften sind *kursiv* geschrieben, Buchbesprechungen in [·] gesetzt.

Logik und Rechtswissenschaft, Tübingen, 1921, pp. xi, 134 (reprinted Aalen, 1961).
Die theoretische Philosophie als Wissenschaftslehre, *Prager juristische Zeitschrift*, 2d. Jahrg., Heft 3/4, (1922), 124–8.
   Recht (hereafter ZöR) 3 (1922–3) 236–263.
Theorie der Rechtserfahrung oder reine Rechtslehre?, *Zeitschrift für öffentliches Recht* (hereafter ZöR) 3 (1922–3), 236–263.
[review of L. Nelson's *System der philosophischen Rechtslehre*) ZöR 3 (1922–3), 498.
Die ökonomischen Grundbegriffe: Eine Studie über die Theorie der Wirtschaftswissenschaft, *Zeitschr. f. Volkswirtschaft u. Sozialpolitik* 3 (1923), 31–47.
Die Kriterien des Rechts, Tübingen, 1924, pp. iv, 161.
Kant und die reine Rechtslehre, *Kantstudien* 29 (1924), 233–242.
[review of E. Landmann's *Die Transzendenz des Erkennens*] *Österr. Rundschau* 20 (1924), 33–39.
Logik und Wirtschaftswissenschaft, *Archiv für Sozialwissenschaft und Sozialpolitik* (hereafter *AfSS*) 54 (1925), 614–665.
[review of C. A. Emge's *Vorschule der Rechtsphilosophie*] *AfSS* 56 (1926), 817–88.
[review of M. Salomon's *Grundlegung zur Rechtsphilosophie*] *AfSS* 56 (1926), 818–89.
Staatslehre als theoretische Wissenschaft, *Kant-Studien* 31 (1926), 53–60.
Die philosophischen Grundprobleme der Lehre von der Strafrechtsschuld, Leipzig and Vienna, 1929, pp. viii, 138.
Sociale Kollektiva, *Zeitschrift für Nationalökonomie* (hereafter *ZfN*) 1 (1929–30), 294–308.
[review of S. Landshut's *Kritik der Soziologie*] *ZfN* 1 (1929–30), 796.
Das Unendliche in der Mathematik und seine Ausschaltung, Leipzig and Vienna, 1930 pp. x, 203 (reprinted Darmstadt, 1968).
[review of R. Carnap's *Der logische Aufbau der Welt*] *Archiv für Rechtsphilosophie* (herafter *AfR*) 23 (1930), 200–202.
[review of R. Carnap's *Scheinprobleme in der Philosophie*] *AfR* 23 (1930), 202.
Schuld und Strafzweck, [reply to Dr. Leopold Zimmerl's review of F. K., *Die philosophischen Grundprobleme der Lehre von der Strafrechtsschuld*], *Juristische Blätter* (1930) no. 6, 120–121.
[review of W. Burkamp's *Begriff und Beziehung: Studien zur Grundlegung der Logik*] *Logos* 19 (1930), 411–412.
Note on Dr. Walter Schiff's 70th Birthday, *Neues Wiener Abendblatt* no. 149, 30 May (1930), 3–4.
[review of J. S. Mill's *Die Freiheit*] *ZfN* 2 (1930–1), 659.
Was kann die mathematische Methode in der Nationalökonomie leisten?, *ZfN* 2 (1930–1), 754–779.
Juristischer und soziologischer Rechtsbegriff, *Gesellschaft, Staat und Recht*, ed. Alfred Verdross (*Festschrift* for Hans Kelsen's 50th birthday), Vienna 1931, pp. 14–41.
Bemerkungen zum Grundlagenstreit in Logik und Mathematik, *Erkenntnis* 2 (1931), 262–290.
[review of Alfred Schütz's *Der sinnhafte Aufbau der sozialen Welt*] *Deutsche Literaturzeitung* 36 (4 Sept., 1932), 1711–1716.
[review of Benedetto Croce's *Logik als Wissenschaft vom reinen Begriff*] *Archiv für Rechts- und Wirtschaftsphilosophie* 26 (1932–33), 380.

On the Subject-Matter and Method of Economic Science, *Economica* 13 (1933), 381–401.

[review of E. Husserl's *Formale und transzendentale Logik*] *Göttingische gelehrte Anzeigen* (1933) No. 11/12, 332–448.

[review of Albert A. Ehrenzweig's *Irrtum und Rechtswidrigkeit*] *Juristische Blätter* (1933) No. 5711, 1420.

The Concept of Law in Economic Science, *Review of Economic Studies* 1 (1934), 102–109.

Zur Methodologie der Sozialwissenschaften, *ZfN* 5 (1934), 241–245.

[review of E. Husserl's *Méditations Cartésiennes*] *ZfN* 5 (1934), 428–430.

Methodenlehre der Sozialwissenschaften, Vienna, 1936, pp. iv, 331.

Remarks on Methodology of the Social Sciences, *Sociological Review* 28 (1936), 64–84.

[review of Emil Utitz's *Die Sendung der Philosophie in unserer Zeit*] *Internationale Zeitschrift für Theorie des Rechts* (hereafter *IZTR*) 10 (1936), 222–223.

[review of A. Fey's *Der homo oeconomicus*) *ZfN* 7 (1936), 559.

Die Bedeutung der logischen Analyse für die Sozialwissenschaften, *Actes du 8ème Congrès International de Philosophie*, Prague, 1934 (published 1936), pp. 209–216.

Die Phänomenologie der Kunst als Organ der Metaphysik, *Actes du Deuxième Congrès International d'Esthétique et de Science de l'Art.* vol. 1 (1937), 63–67.

Do Synthetic Propositions *a priori* exist in Economics?, *Economica* NS4 (1937), 337–342.

[review of H. Fried's *Über die Rechtsnot und ihre Bekämpfung*] *IZTR* 11 (1937), 56–57.

[review of F. Waismann's *Einführung in das mathematische Denken*] *Neue Freie Presse* 7 Feb. (1937), 22.

[review of R. Carnap's *Logische Syntax der Sprache*] *Sociological Review* (London) 29 (1937) 203–207.

Über den Begriff des Formalen in Logik und Mathematik, *Travaux du 9ème Congrès International de Philosophie*, Paris, 1937, vol. 6, pp. 128–135.

The Significance of Methodology for the Social Sciences, *Social Research* (hereafter *SR*) 5 (1938), 442–463.

[review of Alfred Tarski's *Einführung in die mathematische Logik und in die Methodologie der Mathematik*] *Neues Wiener Tagblatt*, 30 Jan. (1938), 24.

Unified Science (Note), *SR* 6 (1939), 433–437.

The Significance of Methodology for the Social Sciences (Part II), *SR* 6 (1939), 537–555.

Truth and Logic, *Erkenntnis* 9 (1939), 105–110.

Phenomenology and Logical Empiricism, *Philosophical Essays in Memory of Edmund Husserl*, ed. M. Farber, Cambridge Mass., 1940, pp. 124–142.

On Dewey's Logic, *SR* 7 (1940), 243–246.

Truth and Logic, *Philosophy and Phenomenological Research* (hereafter *PPR*) 1 (1940), 59–69.

The Structure of Science, Journal of Philosophy, (hereafter *JP*) 38 (1941), 281–292.

Strata of Experience, *PPR* 1 (1940–1), 313–324.

[review of *International Encyclopedia of Unified Science*, volume 2, nos. 4 and 5 (Dewey and Woodger)] *SR* 8 (1941), 254–255.

[review of E. Husserl's *Erfahrung und Urteil*] *SR* 8 (1941), 256–258.

[review of S. Hook's *John Deweys*) *SR* 8 (1941), 393.

The Logical Rules of Scientific Procedure, *PPR* 2 (1941–2), 457–471.

On the Postulates of Economic Theory, *SR* 9 (1942), 379–395.

[review of P. Frank's *Between Physics and Philosophy*] *SR* 9 (1942), 542.

[review of J. Mayer's *Social Science Principles in the Light of Scientific Method*] *SR* 9 (1942), 547–548.

[review of P. Frank's *Between Physics and Philosophy*] *PPR* 3 (1942–3), 108–110.

Verification, Meaning and Truth, *PPR* 4 (1943–4), 267–283.

Methodology of the Social Sciences, Oxford, 1944, pp. viii, 272 (not a translation of *Methodenlehre* 1936; reprinted New York, 1958).

[review of R. M. MacIver's *Social Causation*] *SR* 11 (1944), 117–120.

[review of A. E. Murphy's *The Use of Reason*] *SR* 11 (1944), 511–513.

[review of R. Lepley's *Verifiability of Value*] *SR* 11 (1944), 516–517.
Concerning Mr. Nagel's *Critical Comments*, *PPR* 5 (1944–5), 69–74.
A Note on Mr. Bayliss's Discussion, *PPR* 5 (1944–5), 96–97.
Discussion of Mr. Nagel's Rejoinder, *PPR* (1944–5), 351–353.
[review of W. Ebenstein's *Pure Theory of Law*] *American Political Science Review* (1945) (Oct.).
The Nature of Scientific Method, *SR* 12 (1945), 464–480.
Scientific Procedure and Probability, *PPR* 6 (1945–6), 47–66.
On the Nature of Inductive Inference, *PPR* 6 (1945–6), 603–609.
Metodologia de las ciencias sociales, Mexico City, 1946 [S.T. by E. Imoz of *Methodenlehre* 1936 with a 2 pp. note at the end data New York, February 1946].
[review of J. R. Baker's *Science and the Planned State*] *SR* 13 (1946), 381–382.
[review of B. Russel's *A History of Western Philosophy*] *PPR* 7 (1946–7), 461–466.
Problems of Philosophical Education, *Freedom and Experience*, eds. S. Hook and M. R. Kovitz (Essays presented to H. M. Kallen), Ithaca and New York, 1947, pp. 221–238.
Observations on the Ivory Tower, *SR* 14 (1947), 285–303.
Three Meanings of Truth, *JP* 45 (1948), 337–350.
Rudolf Carnap's Analysis of Truth, *PPR* 9 (1948–9), 295–299.
Cassirer's Theory of Scientific Knowledge, *The Philosophy of Ernst Cassirer*, ed. P. Schilpp, The Library of Living Philosophers), Evanston Ill., 1949, pp. 184–213.
The Issue of Ethical Neutrality of Political Science, *SR* 16 (1949), 344–352.
Basic Issues in Logical Positivisinum, ed. M. Farber, Buffalo, 1950, pp. 565–588.
John Dewey's Theory of Inquiry, *JP* 56 (1959), 826–836.
The Infinite in Mathematics, ed. B. McGuinness, with an Introduction by E. Nagel, Dordrecht and Boston, 1978.

Redaktionelle Anmerkungen der Herausgeber

In Abweichung von der Reihenfolge des Manuskripts von Felix Kaufmann stehen die *Lieder aus dem Mises-Kreis* an erster, das *Liederbuch des Phänomenologen* an zweiter Stelle. Der dritte Abschnitt *Schwanengesang* faßt die im Manuskript an verschiedenen Stellen aufgeführten sonstigen Lieder zusammen.

Die Liedertitel wurden nach Möglichkeit aus dem Manuskript übernommen. Wo solche Titel fehlten, wurden sinnfällige Überschriften zu formulieren versucht. Die Reihenfolge der einzelnen Lieder wurde verändert, sofern es zweckmäßig erschien.

Das ursprüngliche Manuskript enthält zahllose Apostrophe, um den Wegfall des Buchstabens «e» anzuzeigen. Davon wurde hier nach Möglichkeit abgesehen. Im Lied 18 heißt es im Manuskript beispielsweise «Die Erfahrung lieb' ich sehr...». Im vorliegenden Text ist der Apostroph fortgelassen worden.

I. Lieder aus dem Mises-Kreis

Geschliffener Geist im Mises-Kreis

Allein die wahre Liebe ist das nicht...

Es meinen manche Rammeln,
Brauchst nur Stoff zu sammeln
Und gehörig katalogisieren,
Für jedes Ding ein Fach,
Dann werden allgemach
Von selbst Gesetze daraus resultieren.
Wir wollen dieser Männer
Leistung nicht verkenna,
Nicht versäumen unsre Dankespflicht,
Denn jeder braucht einmal
Ihr Riesenmaterial,
Nur theoretisch ist die Leistung nicht.

Ein andrer wieder lehrt,
Es ist allein der Wert
Die Basis jeder echten Wissenschaft.
Tust Du das nicht verspürn,
Hilft Dir kein Spekuliern
Und all Dein Scharfsinn ist umsonst verpafft.
Doch was er ist der Wert,
Das wird Dir nicht erklärt.
Die Phrasen schillern, doch sie gebn kein Licht,
Drum hab ich so das Gfühl,
Er weiß scho, was er will,
Doch theoretisch ist das Wissen nicht.

Doch beim Professor Mises
Meint man weder dieses
Noch auch jenes in dem Seminar.
Da wird von viertel acht
Bis halber zehn gedacht
Und auch die schwersten Fragen werden klar.
An echten Grundbegriffen
Wird der Geist geschliffen
Und ein jeder lauscht, wenn einer spricht.
Dann geht ideenbesessen
Man zum Abendessen,
Denn ach, die Theorie ernährt uns nicht.

Untergang der Konjunktur durch Erforschung
Das hat ka Goethe gschriebn, das hat ka Schiller dicht...

Was heut die Wissenschaft bloß abstrahiert,
Man wird in seinem Schädel ganz verwirrt.
Sie kehrt sich ab vom saftigen Erlebnis
Und trockner Formelkram ist das Ergebnis.
In dös Prokrustesbett – es is a Schand! –
Wird das lebendge Leben eingespannt.
Ich kanns bis heut noch immer net verstehn,
Daß die Maschinen wirklich gehn.

      Da hast a Beispiel wieder, wannst es noch net weißt,
      Ich hab Dirs gsagt schon hunderttausendmal,
      Daß halt die Wissenschaft nur immer niederreißt
      und gar net aufbaun tut, ist ein Skandal.

Jedoch am fürchterlichsten ist verdraht
So a Method bei Gsellschaft und beim Staat.
Und fuchtig wie a Wilder wer i glei,
Hör ich das neuste Schlagwort: wertefrei!
Ja Himmel Lauden, nimmt man uns den Wert,
Dann gibts ja nichts mehr, was der Mensch verehrt.
Am gscheitesten wärs, hier rief ein lautes Halt
Zur rechten Zeit der Staatsanwalt.
(Refrain)

Im Forschungsinstitut für Konjunktur
Das Kuratorium, das is groß grad gnua,
Da gibt es Namen, das ist eine Pracht
Und einer is auch, der die Arbeit macht.
Da fürchtet sich die Konjunktur gar sehr,
Denn ist sie erst erforscht, so lebts net mehr.
Es kommt die Zeit des ständgen Gleichgewichts
Und an der Börs verdient man nichts.
(Refrain)

Verstehen des Verstehens in Zürich

Tschin, tschin, China man...

Jeder Soziologe muß nach Zürich heuer gehn,
Um dortselbst zu lernen das Verstehen zu verstehn.
Denn wenn das Verstehen nicht verstehet der Verstand,
Hat die ganze Gsellschaftslehre weder Fuß noch Hand.
Darum fordern wir auch mit aller Kraft
Autonomie für die Geisteswissenschaft!
Wer von der Physik zu beeinflußt ist,
Der ist halbert schon ein Marxist.

«Sagns, Frau Blaschke, wissens das schon, Himmelsapperlott,
Daß der Pane Grenznutzen seit gestern abend tot?!
Noch denselben Mittag war er quietschvergnügt und frisch,
Und sechs Stunden später habns schon gschriebn den Totenwisch!»
«Is ja gar net wahr, wo habns denn des ghert?
Den hat wer wissentlich fälschlich tot erklärt.
Hab heut in der Früh selbst ihn gsehn sogar,
Der wird leben noch hundert Jahr!»

Der letzte Grenadier der Grenznutzenschule

Nach Frankreich zogen zwei Grenadier'...

Nach Deutsch-land zog einst ein Volkwirt hin, der woll-te sich un-ter-fan-gen, auf-grund ei-ner ve-nia le-gen-di in Wien, ei-ne Pro-fes-sur zu er-lan-gen. Da muß-te er hö-ren die trau-ri-ge Mär, die Grenz-nut-zen-schul sei ge-

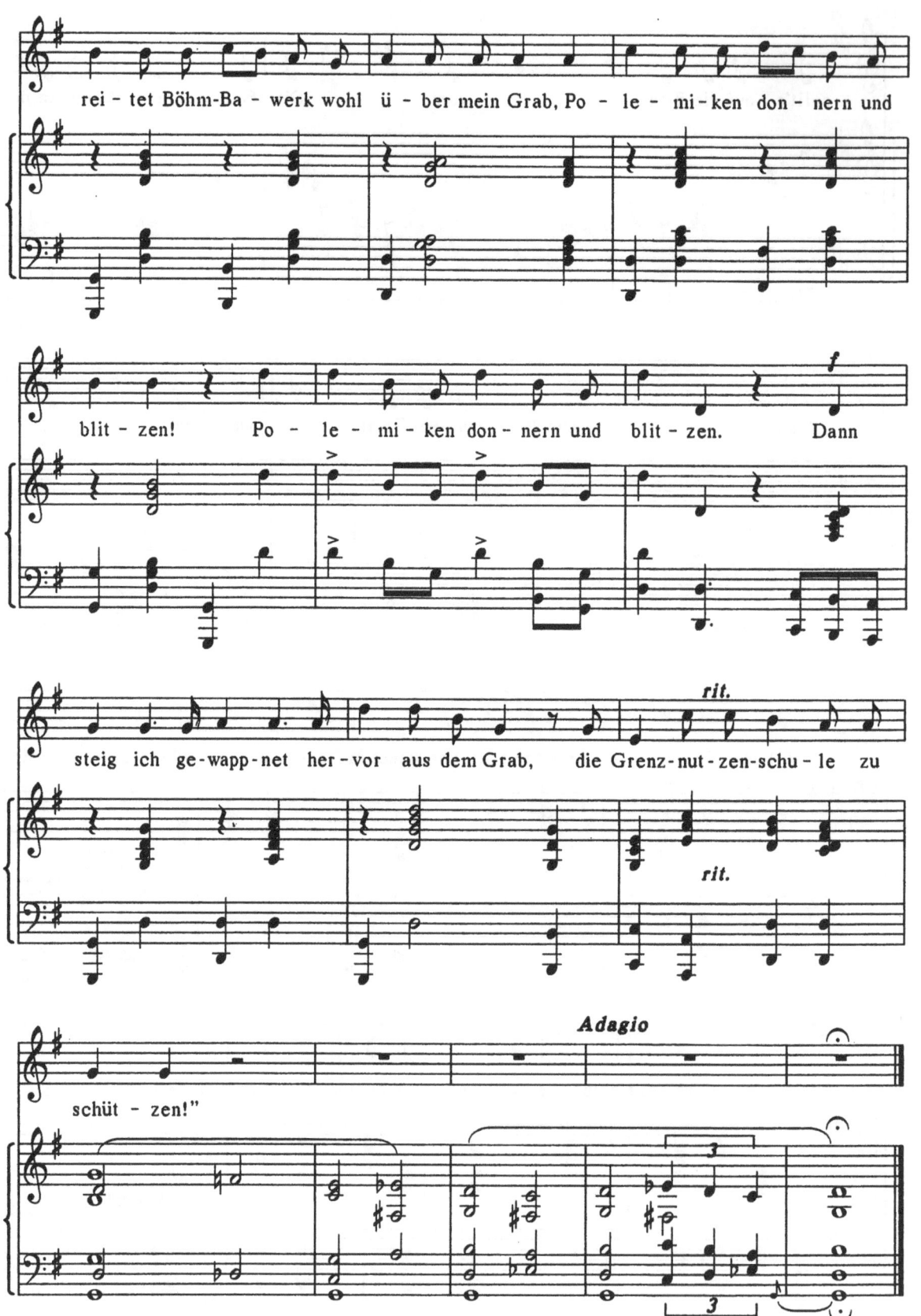

Die Mises-Mayer-Diskussion

Fiakerlied

I hab a Argumenterl,
Des müssens amal hörn,
Davon kann gar ka Quenterl
Jemals entkräftet wern.
I bin a Liberaler,
Doch net vom alten Schlag,
Weil i ja alles anders
Als alle Frühern sag.
Liberaler kann a jeder wern,
Begründen ka mas nur in Wean.
   Das weiß i halt, weil i a Grenznutzler bin,
   Da kriagt halt die Wirtschaft an eigenen Sinn.
I hab paar harbe Typerln,
Die brauch ma unbedingt,
Sonst san ma arme Krüpperln,
Weil praktisch nix gelingt.
Drum schiab i auch die Werte
Zwar riesig weit zurück,
Doch wer sie ganz entbehrte,
Der hätt bei mir ka Glück.
I setz den Wert als Postulat,
Da weiß a jeder, was er hat.
   Das sag i enk, weil i a Grenznutzler bin,
   Da kriagt halt die Wirtschaft an eigenen Sinn.

Das Mises-Kreis-Lied

Grinzingerlied

Liebe Kinder, weil heute Freitag ist,
Gibt es Mises-Privatseminar.
Und dort geh ich hin, auch wenn ein Maitag ist,
Süß und duftend wie keiner noch war.
Denn der Blütenduft muß vergehen,
Doch die Wahrheit die bleibt bestehen.
Und die Wahrheit findest Du im Mises-Kreis
Jeden Abend zentner- und scheffelweis.
Fängt man richtig zu streiten erst an,
Denn Debatten die habn dort an Schan!

    I geh heut abend zum Mises hin,
    Weil ich so gern dort bin,
    Man spricht ja nirgends so schön in Wien
    Über Wirtschaft, Gesellschaft und Sinn.
    Und willst Du recht das Verstehen verstehen,
    Mußt à tout prix Du zu Mises auch gehn,
    Weil man das nirgends sonst deutlich weiß
    Als nur im Mises-Kreis.

Is auch ein Problem noch so konsistent,
Traut sich gar nicht zur Türe herein,
Denn es weiß sehr wohl, daß Gefahr es rennt,
Aufgelöst binnen kurzem zu sein.
Sind auch noch so hart manche Nüsse,
Knackt man doch sie durch kluge Schlüsse,
Bis die Kerne uns auf der Zung zergehn,
Wie sonst nur noch die süßen Pralineen,
Die ein gütiger Geist offeriert,
Daß das Schweigen nicht gar zu schwer wird.
(Refrain)

Ist der Geist um zehn Uhr mit Weisheit voll,
Fühlt der Magen sich traurig und leer,
Doch erhält er bald seinen Einfuhrzoll,
Denn wir gehn in den grünen Anker.
Dort ist die Fröhlichkeit unser Motto
Bei Spaghetti und bei Risotto.
Wie die Zeit vergeht, keiner hätts gedacht,
Denn auf einmal schlägt es schon Mitternacht,
Doch jetzt kommt die genialste Idee:
Man geht noch in das Künstlerkaffee.
(Refrain)

Manchmal denkt man sich, hat denn einen Sinn
Diese ganze Problemspalterei?
Draußen fließt derweil froh das Leben hin
Und selbst ist man so wenig dabei.
Wärs nicht klüger, im Strom zu schwimmen,
Als die Wasserkraft zu bestimmen?
Ließ man nicht besser alles Denken sein,
Lebte einfach froh in den Tag hinein
Und genösse des Augenblicks Rausch?
Doch man weiß ja, hier gibts keinen Tausch.
(Refrain)

Der Forscher und der Methodologe

Ich weiß nicht, was soll es bedeuten...

Ich weiß nicht, was soll es be-deu-ten, daß ich so trau-rig bin. Ein Mär-chen aus neu-e-sten Zei-ten, das will mir nicht aus dem Sinn. Die Nacht ist kühl und es dun-kelt und al-le schla-fen schon ein, ein ein-sa-mes Lämp-chen nur fun-kelt in dem Stu-dier-käm-mer-lein.

Der emsigste Forscher, der sitzet
An seinem Schreibtisch noch wach,
Die rastlose Füllfeder spritzet,
Sie kommt den Gedanken kaum nach.
Sein Stil ist prächtig geschliffen
Und enger stets wird das Netz
Von selbst geschaffnen Begriffen,
Die er verknüpft zum Gesetz.

Der sagte ihm: «Was du geschrieben,
Erscheint mir nicht hinreichend klar.
Ich bin nach dem Studium geblieben
So klug, wie ich vorher schon war.
Ich möchte dich nicht verletzen,
Doch will es mir nicht aus dem Sinn:
Ein jedes von deinen Gesetzen
steckt in der Voraussetzung drin.»

Er stürmte vorwärts wie Blücher,
Der Held, in die blutige Schlacht,
Er schrieb an dem dicksten der Bücher
Und hätte es fertig gebracht.
Da hat ihn das Schicksal betrogen,
An das er so glühend geglaubt,
Durch einen Methodologen,
Der hat seine Kraft ihm geraubt.

Rot wurden des Forschers Wangen,
So sehr war er aufgebracht.
Doch dann beschlich ihn ein Bangen
Und dann hat er nachgedacht:
Wie fressen gierig die Flammen,
Wenn man ihnen Nahrung gibt,
Zu Asche schrumpfte zusammen
Ein riesiges Manuskript.

Drum mahne ich alle Gelehrten,
Die unbekümmert bisher
Mit Methodologen verkehrten:
O, tut es fürder nicht mehr!
Ihr sollt Euch von ihnen befreien,
Sie dürfen Euch nicht mehr bedrohn,
Denn ihre Haarspaltereien
Vernichten die Inspiration.

Der Nationalkökonom im Paradies

Als unser Herr die weite Welt geschaffen,
Die Krokodile, Papageien und die Affen,
Da hat er in die Welt zu guter letzt
Den Wirtschaftswissenschaftler hingesetzt.

Da saß der brave Mann im Paradiese
Mit einem ganz verzweifelten Gefriese,
Weh mir, daß ich kein Material mehr hab,
Es gibt kein Wirtschaften, denn nichts ist knapp.

Mit Gütern wollt ich planvoll disponieren
Und dann mein Handeln streng analysieren,
Und schließlich stolz sein, wenn ich sagen kann:
So handle ich und so tuts jedermann.

Nun muß ich fruchtlos mein Gehirn zerplagen,
Denn gar nichts gibt es hier sich zu versagen.
Jeder Genuß ist allsogleich parat,
Selbst mit der Zeit man nicht zu sparen hat.

Da sprach der Herr: Du sollst nicht klagen derfen,
Du kannst Dir eine Theorie entwerfen,
Das macht den Menschengeist ja so erlaucht,
Daß er zum Denken nichts zu wissen braucht.

Zwar kannst du niemals einen Satz erproben,
Doch eben drum sollst du mich stündlich loben.
So bleibt die Lehre aufrecht unentwegt,
Wo nichts erprobt wird, wird nichts widerlegt.

Froh rief der Forscher: «Was für ein Tor i,
Von nun an denk ich nur mehr a priori,
Die Empirie, die bleibt mir völlig gleich,
Hier gibts ja keinen Anwendungsbereich.»

Doch seit wir nicht im Paradies mehr wohnen,
Ist scharf zu scheiden zwischen Konventionen
Und Sätzen, deren Sinn darin besteht
Zu sagen, was in Wirklichkeit vorgeht.

Abschied von Mr. Stonier und Mr. Sweezy

Prinz Eugen, der edle Ritter...

Mi-ster Sto-nier und Mi-ster Swee-zy, kei-ner ist so nett sonst wie sie, sagt man all-ge-mein in Wien. Weil wir sie so sehr ge-lie-bet, sind wir al - le tief be-trü-bet, daß sie schon von dan-nen ziehn.

Mister Sweezy kam aus Boston,
Scheute weder Müh noch Kosten
Weil sein Herz so heiß begehrt
Aus der nächsten Näh zu sehen,
Was die Leut in Wien verstehen
Unter wirtschaftlichem Wert.

Als nun Sweezy dies gefraget,
Ward zur Antwort ihm gesaget:
«Fest wie Erz steht das Prinzip:
Jeder hat im ganzen Leben
Stets den Grenzwert aufzugeben,
Ist er ihm auch noch so lieb.»

«So, jetzt bin ich viel gescheiter!»
Rief Herr Sweezy froh und heiter.
«Drum fahr ich gleich retour.
Nun will ich in Harvard lehren
Und zur Wiener Schul bekehren
Bald gibts dort Grenznutzler nur!»

Denn er dachte: Sintemalen
Man dort mit Bedürfniszahlen
So vortrefflich operiert,
Weiß man, wie von den vertrackten
Wirtschaftlichen Vorzugsakten
Jeder Fall entschieden wird.

«Doch wie läßt sich der erkennen,
Könnt Ihr das Kriterium nennen?»
Fragte Sweezy interessiert.
«Ach das kannst Du gleich erfahren,
Man erkennt daran den wahren,
Daß er aufgegeben wird.»

Mister Stonier, der sprach dagegen:
«Ich muß scharf noch überlegen,
Wo des Satzes Ursprung liegt,
Denn in Heidelberg die schlauen
Meister lehrten mich mißtrauen
Dem, was man zu billig kriegt.»

«Doch da ich gern Zeit mir nehme
Für so schwierige Probleme,
Komm im Herbst ich wieder her.
Dann will ich mich drein versenken
Und sie bis zu Ende denken
Für den ganzen Tauschverkehr.»

Nun erhebt zum Abschiedsfeste
Eure Gläser auf die Gäste,
Die ein guter Geist gesandt.
Mög das Glück in jeder Weise
Ihnen hold sein auf der Lebensreise,
Vivant, crescant, floreant!

Abschied von Professor Mises

O alte Burschenherrlichkeit…

Was soll denn mit dem Mises-Kreis im nächsten Jahr geschehen? Wir können doch nicht dutzendweis von hier nach Genf mitgehen! Ich raufe mir das letzte Haar, was mach ich ohne Seminar! O jerum, jerum, jerum, o quae mutatio rerum.

Bald wird die hohe Fakultät
Mit Schaudern es erfassen,
Daß mit dem einen, der da geht,
Gar viele Wien verlassen.
Für England und für USA
Wird Wien jetzt fern, doch Genf ganz nah.
(Refrain)

Die Schüler, die so eifervoll
Für Mises' Lehre stritten,
Die gegen jeden Einfuhrzoll
So kühn Attacken ritten,
Sie weilen längst im fernen Land,
Weil man sie hier so schlecht verstand.
(Refrain)

Nun zieht der Meister selber fort
Und lehrt auf andrem Stuhle
Und schafft ein neues Zentrum dort
Der alten Wiener Schule.
Wir hoffen, daß sein starker Geist
Dem Völkerbund die Wege weist,
    Und denken sein in Treuen,
    Und denken sein in Treuen.

Klagelied des Mises-Kreises

Und der Hans schleicht umher...

Unter Tränen ruft π:
«All ihr transzendenten Zahlen
Ihr ermeßt nicht die Qualen
Der Melancholie.
Viele meiner Näherungswerte
Schon die Sehnsucht fast verzehrte,
Bis zur tausendsten Stelle
Verwundet bin i!»

Zentrum komm wieder her!
In der altgewohnten Weise
Füg Dich ein Deinem Kreise,
Wir warten so sehr.
Alle Radien und Durchmesser
Fühlen sich dann täglich besser
Und der Jubel von π,
So was gibt es sonst nie!

II. Aus dem Liederbuch des Phänomenologen

In des Breisgaus holden Auen
Durch die Wälder, durch die Auen...

Durch des Breisgaus holde Auen
Zog ich frohen Muts und deutete mir Sinn.
Alles, was ich konnt erschauen,
Nahm ich als Gewißheit hin.

Traurige Prognose
Es wird ein Wein sein...

Es wird ein Wein sein
Und wir wern nimmer sein,
Die Welt besteht ja objektiv.
S wird schöne Madln geben
Und wir wern nimmer lebn,
Das folgt daraus rein diskursiv.

Wesensschau

Laßt doch das Lesen im Folianten-wust und schaut das Wesen, das nur schafft Lust. Man schafft so oft sich Sorg und Müh, studiert den Sigwart spät und früh und läßt die Logik unbemerkt, die in den Dingen liegt.

Lichtvolle Erkenntnis
Filia hospitalis

Ich kam als krasser Fuchs daher
Und späht in allen Gassen,
Ob Wahrheit nicht zu finden wär,
Die alles tät umfassen.
Zwar in Erfahrung fand ichs nicht,
Doch plötzlich ging mir auf ein Licht:
Es gibt solch Wissen wunderfein,
Doch muß es a priori sein,
Drum ist auch nichts aequalis
Der mathesis universalis.

Die Wahrheit der transzendentalen Methode
Martin Luther hat wirklich die Wahrheit gesagt...

Edmund Husserl hat wirklich die Wahrheit gesagt,
Als man ihn einmal um seine Meinung gefragt,
Ob die Psychologisten gescheite Leut warn.
Sagte er, sagte er, sagte er: «Einen Schmarrn!

Dazu braucht man ja nicht Husserlianer zu sein,
Auch in Marburg und Heidelberg sieht man es ein,
Daß auch den Empirismus schon Kant konfisziert
Und die transzendentale Methode eingführt.»

Drei lustige Gesellen und die Wahrheit
Die Spindel geht im Kreis herum...

Es saßen drei Gesellen
Bei Tisch und tranken Wein.
Der erste sprach: «Wollt trinken
Und laßt die Welt versinken,
Sie ist ja doch nur Schein.
Exakte Wahrheit gibt es nicht,
Phantom nur ist das innre Licht.»

Der zweite sprach: «Ich glaube
Sonst nichts, als was ich seh.
Ein bissel abstrahieren
Will ich noch konzedieren,
Doch fort mit der Idee.
Exakte Wahrheit gibt es nicht,
Phantom nur ist das innre Licht.»

Da rief voll Zorn der dritte:
«Ihr seid nicht bei Verstand,
Ich würde mich doch schämen
Mit solchen Theoremen
Einhundert Jahr nach Kant.
Es strahlet hell der Wahrheit Licht
Und nur der Blinde sieht sie nicht.»

Sinnestäuschung
Gold und Silber lieb ich sehr...

Die Er-fah-rung lieb ich sehr, weiß sie wohl zu brau-chen, wünscht mir tau-send Sin-ne her, mich da-rein zu tau-chen. Smuß ja nicht grad äuß-re sein, hab auch inn-re ger - ne, da-mit ich die Men-sche-lein recht ver-ste-hen ler - ne. Da-mit ich die Men-sche-lein recht ver-ste-hen ler - ne.

Aber ach, nur allzu oft
Täuschen uns die Sinne.
Was wir vom Verstehn gehofft,
Ward als Trug uns inne.
Darum in des Lebens Lenz
Lernet Wesen schauen,
Nur auf diese Evidenz
Dürft ihr voll vertrauen.

Der Phänomenolog hats gut

Ja so a Kongoneger, der hats guat...

A rechter Neukantianer
Lernt schon als a Klaner:
Jeder Gegenstand is ein Problem.
Und zwar eins von die bösen,
Denn das kannst net lösen,
Tät man Dir hundert Jahre Zeit auch gebn.

Den Phänomenologn
Tut das gar net plagn.
So ein Problem löst Ihnen der sofurt!
Da wird halt ideiert
Und d' Intention fixiert.
Ja so a Phänomenolog hats guat.

Die armen Empiristen
Brauchen tausend Listen,
Um die Mathematik zu erklärn.
Hört man das Resultat,
Denkt man dö Müh war schad,
Wie wenn die Berge eine Maus gebärn.

Dafür in Freiburg drent,
Da is ma bald am End,
A jedes Kind weiß dort, wie man des tuat:
Denn durch die Wesensschau
Erkennt mans haargenau,
Ja so a Phänomenolog hats guat.

Die phänomenologische Reduktion

Als ich ein jung' Geselle war...

Was Edmund Husserl mich gelehrt, kein Wort vergeß ich je, doch aller Weisheit Basis, bi, ba, Basis, das ist die Epoche, das ist die Epoche.

Der große Denker sprach zu mir:
«Willst Philosoph Du sein,
So klammre Welt und Menschen
In Deinem Geiste ein.

Mit Deinem eigenen Leibe wird
Das Nämliche getan.
Auch er ist durchaus weltlich,
Er ist total mundan.

Den Schwimmer im Bewußtseinstrom
Kein Dogma je betrog;
Es stellt die questio iuris
Der Phänomenolog.

Doch gingen je die Klammern auf,
So wärs um ihn geschehn,
Er wär der Welt verfangen
Und könnt sie nicht verstehen.

Selbst die geringste Transzendenz,
Vom Löwen bis zur Laus,
Von Heidegger bis Hartmann,
Die schalte völlig aus.

Dann bleibt nur der Bewußtseinsstrom
Von allem Sein bestehn.
Drin findest Du in Klammern
Die Welt als Phänomen.

Er gibt sich selbst die Antwort drauf
Und fragt dann noch einmal,
Nur eine Stufe tiefer,
Doch stets transzendental.

Und schrieb er Bücher zentnerschwer
Wohl über Sinn und Sein,
S' wär schade, sie zu lesen,
Man stampft sie besser ein».

Drum halt ich mich an Husserls Wort,
Wo ich auch geh und steh,
Und macht mein Werk Epoche,
Dank ichs der *ἐποχή*.

Méditations Cartésiennes
Die Mädis vom Chantant...

Die Medi-, die Méditations Cartésiennes
Vernichten naives Weltvertrauen.
Sie nehmen ihr Dasein nicht ungeprüft hin, denn
Sie wollens ja selbst erst aufbauen.
Die Medi-, die Méditations Cartésiennes,
Die lehren die Welt zu transzendieren.
So lang man ihr verfangen ist und an sein wahres Selbst vergißt,
Kann man nicht phänomenologisieren.

III. Schwanengesang

Streit um die Priorität
Der Kuckuck und der Esel...

Das Ganze und die Teile
Die hatten großen Streit,
Wer wohl das Frühre wäre
In Logik, nicht in Zeit?

Voll Pathos rief das Ganze:
«Pfui, daß Ihr noch nicht wißt,
Daß jeder von euch Teilen
Kraft meiner Ganzheit ist.»

Es sprachen keck die Teile:
«Wir setzen dich zusamm
Und nirgends gibt es Ganze,
Die keine Teile hamm.»

Ein Logiker der hört es
Und sprach: «Der Streit ist schief,
Denn keines ist das Frühre,
Ihr seid korrelativ.»

Die reine Rechtslehre
Brüderlein fein...

Brüderlein fein, Brüderlein fein,
Sollen folgt nicht aus dem Sein.
Niemals Freundchen wird ein Wert
Bloß durch Existenz erklärt.
Brüderlein fein, Brüderlein fein,
Sieh das endlich ein!

Brüderlein fein, glaub mir, es wird
Viel zu viel hypostasiert.
Anfangs scheint dies sehr bequem,
Doch bald stört es das System.
Brüderlein fein, glaub mir es wird
Zviel hypostasiert.

Brüderlein fein, merk es Dir gut,
Werte sind nicht absolut.
Darum nimmt die höchsten man
Stets bloß hypothetisch an.
Brüderlein fein, merk es Dir gut,
Sind nicht absolut.

Brüderlein fein, welchen Sinn hat
Für Juristen stets der Staat?
Er ist nichts als pures Recht.
Wers nicht glaubt, begreift es schlecht,
Brüderlein fein, Brüderlein fein,
Sieh das endlich ein!

Wissenschaftliche Politikberatung

Wohlauf Kameraden aufs Pferd...

Die Wissenschaft und die Politik sind Freunde, gar nicht zu trennen.
Sie gehn miteinander durch dünn und dick, wenn sie auch offiziell sich nicht kennen.
Sie grüßen einander ja nicht, o nein, sie zwinkern nur mit den Äugelein.

Die Wahrheit und Falschheit sind nur bedingt,
Doch unbedingt sind unsere Ziele.
Und wer uns dafür Argumente bringt,
Der gewinnt in des Lebens Spiele.
Doch wem die Erkenntnis Selbstzweck ist,
Verdient es, daß man ihn schnell vergißt.

Methodenkritiken behagen uns nicht,
Sie sind Wüsten ohne Oasen.
Und wenn man ein bisserl nur bildhaft spricht,
Gleich nennen sies leere Phrasen.
Und postuliert man den schönsten Wert,
Sie fordern, daß man den Sinn erklärt.

Drum wohlauf, Kameraden, die Feder gezückt,
Folianten zusammengeschmieret.
Dann wird schon durch ihr Gewicht erdrückt
Der Gegner, der polemisieret.
Wir bringen ihn als ein Opfer dar
Der Wissenschaft auf dem Hochaltar.

Der Mathematiker und der Philosoph

Solang noch unter Linden...

Ach, wie müssen wir uns schinden
In der Einzelwissenschaft,
Um den kleinsten Satz zu finden,
Braucht man seine ganze Kraft.

Doch der Philosophen Sippe
Sitzt an der Ideen Krippe,
Da wird lustig spekuliert
Und ein Buch ist vollgeschmiert.

Antimethaphysisches Trutzlied

Dreiunddreissig Jahre...

Weil Ihr Philosophen, weil Ihr Philosophen
Immer noch nicht wisset, wo die Glocke hängt,
Sing ich Euch jetzt Strophen, sing ich Euch jetzt Strophen,
Die Ihr wohl versteht, wenn Ihr auch sehr beschränkt.

Dritthalbtausend Jahre, dritthalbtausend Jahre
Treibt man volksverdummende Metaphysik,
Doch jetzt kommt die wahre, doch jetzt kommt die wahre,
Wahre Theorie, die bricht ihr das Genick.

Tinte traufe, Tinte traufe,
Tinte traufe knüppelhageldick,
Daß darin ersaufe, daß darin ersaufe,
Daß darin ersaufe die Metaphysik.

Spitzet Eure Kiele, spitzet Eure Kiele,
Spitzet Eure Kiele so wie Dolche scharf,
Dann zeig ich Euch viele, dann zeig ich Euch viele,
Viele Theoreme, die man spießen darf.

Gebt mir Eure roten, gebt mir Eure roten,
Gebt mit Eure roten Lederbände her!
Darein soll man binden, darein soll man binden,
Darein soll man binden Mathematiker.

Hört Ihr Volksverdummer, hört Ihr Volksverdummer,
Hunderttausend Stimmen singen unser Lied.
Aus dogmatschem Schlummer, aus dogmatschem Schlummer,
Aus dogmatschem Schlummer es die Menschheit zieht.

Dritthalbtausend Jahre, dritthalbtausend Jahre
Treibt man volksverdummende Metaphysik,
Doch jetzt kommt die wahre, doch jetzt kommt die wahre,
Wahre Theorie, die bricht ihr das Genick.

Einigen Methodologen ins Stammbuch

Mädele ruck, ruck, ruck...

Forscher ruck, ruck, ruck
Nicht das Problem bei Seiten,
Pack es im Zentrum an,
Die Wahrheit zu erstreiten.
Mußt net so viel schreibe,
Laß die Phrasen bleibe,
Ohne Dei Ideen
Kann ma auch bestehen.
Mit Metaphern kannst du mich
Nicht überzeugen.
Wer nichts zu sagen hat,
Soll lieber schweigen.

The Economic Theorist in Paradise

von Peggy Joseph[1]

When the world was first laid out by our Creator
With the monkey, cockatoo and alligator,
God determined, as He viewed His work with pride
To put an economic theorist inside.

So in Paradise there sat this pretty creature.
With perplexity inscribed on every feature:
«Alas, what shall I do?» he cried distraught,
«Economics I can't, – for nothing's short.»

«I would rationally distribute my ressources
«Then discover what the reason for my course is
«And finally with pride I would proclaim
«That's me, – and every other man's the same.»

«In vain I put my mental powers to trial
«Here is no scope to pratice self denial
«In profusion pleasures rain upon my lap
«And even time is there perpetually on tap.»

Then spoke the Lord: «My son, thou shouldst not grumble
«Wherefore should thereupon thy theories crumble.
«The human mind with such nobility is blessed
«That without knowledge it can function at its best.»

«True thou canst not subject laws to confirmation
«But that itself should be a cause for jubilation
«The theories thus may ever stand unmoved.
«What cant be tested cannot ever be disproved.»

Cried the student, after listening to this story:
«I'm resolved only to think now a priori
«For reality, from henceforth, what care I?
«There is nought to which my theories should apply.»

But, alas, since we've been banished out of Eden
There's a new distinction we must base our creed on,
And distinguish with precision exact
Conventions from the laws of real fact.

---

1 Übersetzung des Gedichts von S. 30

Bei Fragen zur Produktsicherheit wenden Sie sich bitte an:
If you have any questions regarding product safety,
please contact:

Walter de Gruyter GmbH
Genthiner Straße 13
10785 Berlin
productsafety@degruyterbrill.com